ES GIBT UNS DESHALB,
WEIL WIR DER
ÜBERZEUGUNG SIND,
DASS GOTT DEN
Menschen liebt.

Frater Seraphim
Barmherziger Bruder

IN HALT

DAS BOOKLET
ZUR AUSSTELLUNG

400 JAHRE BARMHERZIGE BRÜDER BAYERN

1 MENSCHEN

WERTE

FAKTEN

HOSPITALITÄT *schafft* ZUKUNFT

Seit mehr als 400 Jahren setzen sich die Barmherzigen Brüder in Bayern für die Menschen ein. Sei es in Krankenhäusern, in Einrichtungen für Menschen mit Behinderung, in der Obdachlosenhilfe, in der Palliativversorgung und im Hospiz oder in Alten-und Pflegeheimen: Ihre Fürsorge gilt den Schwachen in unserer Gesellschaft.

Sie sind da für all diejenigen, die aufgrund von Krankheit oder Einschränkung zeitweise oder ihr Leben lang auf die Hilfe anderer angewiesen sind. Sie nehmen alle Menschen in Würde an und begleiten sie auf ihrem Weg.

Mit diesem Auftrag sind die Brüder – Gott sei Dank! – nicht allein: über 64.000 Mitarbeitende weltweit, davon mehr als 10.000 in Bayern, sind Teil dieser großen Dienstgemeinschaft. Hinzu kommen noch viele Ehrenamtliche. Sie alle füllen die Werte des Ordens mit Leben. Täglich und mit jedem Handgriff. Sie schenken Hoffnung durch ihre tatkräftige Arbeit.

Es zählt jede positive Idee, die beiträgt, das Leben der ihnen Anvertrauten zu verbessern: das Leben von kranken Kindern und Erwachsenen, von Menschen mit Handicap, von Obdachlosen, von Seniorinnen und Senioren, von Sterbenden sowie das ihrer Familien und Angehörigen.

Jedes Mitglied der Dienstgemeinschaft steht darin in der Nachfolge des Ordensgründers, des Heiligen Johannes von Gott. Er gilt als ein Pionier der modernen Krankenpflege. In seinem Geist versuchen die Barmherzigen Brüder zusammen mit ihren Mitarbeitenden Lösungen für aktuelle Herausforderungen zu finden und offen zu bleiben für die Entwicklungen in dieser Welt.

All dies – und noch viel mehr! – umschließt das Prinzip der Hospitalität, das Leitmotiv des Ordens, was übersetzt gelebte Gastfreundschaft bedeutet. Es dient seit mehr als 400 Jahren als Richtschnur. Und soll auch künftig all denjenigen zuteilwerden, die in den Häusern der Barmherzigen Brüder Hilfe erfahren.

DENN: HOSPITALITÄT SCHAFFT ZUKUNFT.

Zuk

„Die Art, wie man hier von den Ärzten
und vom Pflegepersonal unterstützt wird,

lässt sich fast nicht in Worte fassen.“

Karin Holzapfel
Patientin

„Unsere Aufgabe ist es, die Menschen auf ihrem Weg zu begleiten.

Da kann man oft durch einfache Mittel vieles richtig gut machen. Und es kommt
so wahnsinnig viel Positives zurück von den Patienten und ihren Angehörigen.“

Dr. Veronika Berberich, *Fachärztin für Onkologie*

Es ist ein ganz normaler Tag. Karin Holzapfel bringt ihre beiden Kinder mit dem Fahrrad in den Kindergarten. Wären da nicht die Rückenschmerzen, die immer schlimmer werden. Mit Verdacht auf Bandscheibenvorfall sucht die junge Frau abends die Notaufnahme des Krankenhauses Barmherzige Brüder Regensburg auf. Eine Blutuntersuchung klärt die eigentliche Ursache für ihre Beschwerden: Leukämie – und jetzt?

„Ich war vielleicht ein bisschen gefasster. Vor zwölf Jahren ist meine Mutter an Krebs verstorben. Da habe ich eine Lektion gelernt, die viele erst später im Leben lernen: dass jederzeit alles passieren kann. Die Frage „Warum ich?" hat sich mir gar nicht gestellt. Warum nicht ich? Es kann jeden treffen.

Meine Therapie war intensiv. Sie bestand aus viel Chemotherapie, brutal viel Chemotherapie. Schon am Anfang wurde mir gesagt, dass ich lange im Krankenhaus sein werde. Insgesamt waren es dann 45 Wochen. Ich habe mich dem einfach hingegeben. Durch, einfach durch! Für meine Kinder, für meinen Mann und für mich.

Die Pflegenden und Ärzte waren der Wahnsinn! Sie haben mir alles erklärt und die einzelnen Schritte so aufgedröselt, dass ich es gut verdauen konnte. Sie haben mich in den Arm genommen, haben mich aufgebaut, wenn es mir schlecht ging, haben mir Mut zugesprochen. Es gab da auch einen Frater, der mich oft besucht hat. Mit ihm habe ich mich hervorragend verstanden, er war so lustig. Und meine Physiotherapeutin Petra: Sie ist einfach nur ein Geschenk!

Ich habe immer meine Ukulele dabei gehabt, habe Musik gemacht und dabei gesungen. Das war quasi meine Atemtherapie. Das hat mir geholfen. Genauso wie mein Roller Derby-Team, das mich dermaßen unterstützt hat. Und natürlich meine Familie, das A und O: Meine Kinder waren und sind nach wie vor mein absoluter Kampfgrund. Die Schwestern haben mich oft nach Hause geschickt: „Du musst raus!" Ich habe mir nur gedacht: „Nein, ich mag nicht aufstehen." Doch sie haben nicht locker gelassen: „Du gehst heute heim und kommst zur Nacht wieder, wir reden mit der Ärztin." Letztlich hat das so gut getan. Zu fühlen, dass alle mein Bestes wollen.

Manchmal zwickt es irgendwo. Dann denke ich mir: „Jetzt hat es mich wieder!" Da spielt die Psyche mit rein. Deshalb gehe ich zum Psychologen. Damit höre ich erst auf, wenn alles verarbeitet ist. Ich will nicht in zehn Jahren immer noch daran knabbern. Mein Blut und alles andere werden regelmäßig untersucht, dann bemerkt man das auch früher. Aber da wird nichts sein. Ich bin fest davon überzeugt, dass es das jetzt war mit dieser Krankheit."

Ich bin Yvonne.
Meine Eltern haben sich getrennt, als ich noch ganz klein war. Zu Hause ging es drunter und drüber. Meine Mutter war mit uns Kindern überfordert und ich habe von meiner Familie immer wieder Ablehnung erfahren. Als ich in der Grundschule war, kam ich mit meinen Brüdern ins Heim, weil es zu Hause einfach nicht funktionierte.

Viele Jahre später machte ich nochmal einen Versuch, bei meiner Mutter zu leben, aber auch da klappte es nicht. Der Kontakt tat mir nicht gut. Ich bekam eine gesetzliche Betreuerin. Als ich 21 war, entschied sie, dass ich zu den Barmherzigen Brüdern ziehen soll. In eine Behinderteneinrichtung. Damals war ich ein ängstlicher und verunsicherter Mensch. Meine Familie hatte mich all die Jahre zuvor so sehr enttäuscht und ich war so sauer über diese Entscheidung meiner Betreuerin. Ich wusste nicht, wie es weitergehen sollte.

Ich bin früher immer sehr schnell explodiert. Hatte keine Strategien, mit Problemen umzugehen. So wie ich es zu Hause gelernt hatte, ging ich auch mit anderen um. Gewalt war immer wieder Thema. Daher musste ich zunächst in einem geschlossenen Wohnangebot leben. Die engen Strukturen und Regeln machten mich wütend.

Doch ich wurde in meiner Wut gesehen. Die Mitarbeitenden hörten mir zu. Ich fand hier Menschen, die respektvoll mit mir umgingen und Vertrauen in mich setzten. Sie motivierten mich, neue Wege auszuprobieren. Das hat mir unheimlich gut getan. So konnte auch ich lernen zu vertrauen.

Über die Jahre hinweg lebte ich in vielen verschiedenen Wohnformen, entwickelte mich weiter – manchmal ging es auch wieder einen Schritt zurück. Ich nahm an den Bildungsangeboten der Einrichtung teil, lernte mich dadurch besser kennen und übte mich darin, Geduld zu haben. Mit anderen und vor allem auch mit mir. Genauso war es mit der Arbeit. In kleinen Etappen lernte ich, was es heißt, arbeiten zu gehen. Und durchzuhalten. Das war gar nicht so einfach. Irgendwann konnte ich die Werkstatt für Menschen mit Behinderung besuchen und mein eigenes Geld verdienen.

Inzwischen weiß ich, dass ich die Strukturen von damals gebraucht habe, um mich zu der Yvonne zu entwickeln, die ich heute bin. Ich lebe zusammen mit meinem Freund in unserer gemeinsamen Wohnung und erhalte über das ambulant begleitete Wohnen der Barmherzigen Brüder stundenweise

Unterstützung. Das klappt wirklich gut. Am besten gefällt mir mein Arbeitsplatz in einem Altenheim im Nachbarort. Ich bin zwar noch über die Werkstatt beschäftigt, aber mein Ziel ist es, dort fest übernommen zu werden.

Heute blicke ich stolz auf das zurück, was ich während meiner Zeit bei den Barmherzigen Brüdern geschafft habe.

Und ich sehe gerne in die Zukunft.

Entdecken Sie mehr!
www.barmherzige.de/400jahre-ausstellung

VON SWAIDA IN EINE NEUE ZUKUNFT

Dr. Hazem Salloum stammt aus Swaida, Syrien. Vor sieben Jahren ist er nach Deutschland gekommen. Seit 2016 lebt er zusammen mit seiner Frau in Straubing und arbeitet dort als Arzt für Hals-Nasen-Ohrenheilkunde am Barmherzige Brüder Klinikum St. Elisabeth.

Warum haben Sie Ihre Heimat verlassen?

Als ich 2014 als Assistenzarzt an der Universitäts-klinik in Damaskus zu arbeiten anfing, wurde mir klar, dass der damals erst dreijährige Krieg immer noch am Anfang stand, dass mein Traum von einem sicheren Leben im schönen Damaskus nicht zu verwirklichen war. Mit anderen Worten: Die Zukunft war zu diesem Zeitpunkt nicht mehr zu retten, die schönen Erinnerungen aber schon. Aus diesem Grund entschied ich mich, meine Zukunft woanders zu suchen.

Warum haben Sie sich gerade für Deutschland entschieden?

Als Arzt habe ich von der fortgeschrittenen Medizin in Deutschland gehört. Und man weiß es zu schätzen, wie wertvoll es ist, in einem Rechtsstaat frei leben zu können. In einem Rechtsstaat, in dem die Würde des Menschen per Gesetz geschützt und unantastbar ist. Ich habe Glück gehabt und bekam ein Visum für Deutschland.

Wie sind Sie nach Straubing gekommen?

Meine erste Station in Deutschland war Leipzig, dort habe ich die Sprach-schule besucht. Danach kam ich als Hospitant ans Klinikum Mallersdorf. Hier habe ich einen Arzt ken-nengelernt, über den der Kontakt zum Klinikum St. Elisabeth zustande kam.

Wie gefällt es Ihnen am Klinikum?

Ich war von Anfang an stark beeindruckt von der ge-nauen Strukturierung der Arbeitsabläufe, aber auch von der menschlichen, respektvollen Begegnung. Hier arbeiten unterschiedlichste Nationalitäten zusammen, es bestehen Toleranz und Verständnis für die anderen.

Außerdem fühlt man, dass das Klinikum als kirchliches Haus den Patienten in den Mittelpunkt stellt und nicht die finanziellen Interessen in den Vordergrund rückt.

Wie erging es Ihnen mit der deutschen Sprache?

Es war nicht einfach! Aber das Erste, was ich lernte, war, dass Übung den Meister macht.

Sprechen Sie Bayerisch?

A bissl scho.

Unternehmen Sie auch etwas mit Kollegen?

Ab und zu besuchen wir die tollen bayerischen Biergärten.

Gibt es im Miteinander Unterschiede zwischen Ihrem Heimatland und Deutschland?

Im Kern eigentlich nicht. Durch-schnittlich sind die Familien in Syrien größer, sie spielen dadurch eine größere Rolle im täglichen Leben.

Welche Pläne haben Sie für die Zukunft?

Ich habe gelernt, dass es immer anders als geplant läuft. Deshalb habe ich keine konkreten Pläne. Ich versuche, aus allem das Beste zu machen.

Möchten Sie uns etwas zu Ihrer Welt- oder Glaubensanschauung verraten?

Ich gehöre der Religionsgemeinschaft der Drusen an, eine im Nahen Osten lebende Minderheit von circa 1,5 Millionen Menschen. Es mag sein, dass Menschen verschieden aussehen, verschiedene Arten zum Le-ben, Lieben und Glauben haben. Aber eins vereinigt uns alle: die Hoffnung darauf, dass das, was kommt, schöner wird.

Frau Klose ist 85 Jahre alt und stammt aus Rheinland-Pfalz. Als sie aus gesundheitlichen Gründen nicht mehr alleine zurechtkommt, entscheidet sie sich vor gut drei Jahren für einen Umzug in das Alten- und Pflegeheim St. Augustin der Barmherzigen Brüder.

Ich wusste, im Alter wird es für mich irgendwann nach Bayern gehen. Mein Sohn ist hier verheiratet. Er und meine Schwiegertochter haben immer gesagt: „Wenn, dann gehst Du nach St. Augustin." Hier war auch schon die Schwiegeroma. Sie meinten, das sei ein Haus, da könnte ich mich wohlfühlen.

Dann habe ich mich angemeldet. Ich hätte es nicht gedacht, aber es ging ruck-zuck. Ich habe quasi fluchtartig mein Haus zugeschlossen. Meine Freunde konnten es gar nicht glauben. Die sagten: „Du bleibst nicht, du kommst zurück!" Aber ich habe gedacht: „Das ist jetzt die letzte Station. Jetzt fängst Du ein neues Leben an!" Und ich muss sagen, das ist mir bis jetzt gut geglückt.

Vom ersten Tag an habe ich das Haus positiv wahrgenommen. Ich habe mir vorgenommen am Anfang alles, was es an Programm zu bieten hat, auszuprobieren. Von Gedächtnistraining bis zur Gymnastikstunde. Dann suche ich mir aus, was mir gut tut. Was mir nicht gut tut, lasse ich eben sein.

DIE LETZTE STATION:
EIN NEUES
Leben

Aber meistens bin ich dabei, wenn was los ist. Genauso halte ich es mit den Kontakten: Ich versuche mit allen ins Gespräch zu kommen. Aber natürlich gibt es Leute, mit denen man sich besser versteht.

Meinen Tagesablauf habe ich so beibehalten, wie ich es von zu Hause gewöhnt bin. Ob Sonn- oder Werktag: Um 7 Uhr stehe ich auf. Vormittags mache ich dann Telefonate oder WhatsApp. Auch Kreuzworträtsel. Oder man trifft sich mit den anderen, geht in die Stadt. Nachmittags schaue ich die Serien, die alte Frauen eben gerne gucken. Um 16 Uhr beginnt unser Spielenachmittag. Diese Stunde ist für mich sehr amüsant. Für mich war von Anfang an klar: Das frühe Aufstehen behalte ich bei. Denn an einem Tag aufstehen, am anderen nicht: Das war noch nie meine Sache. Und so hat man doch auch was vom Tag!

Toi, toi, toi, noch brauche ich keine Hilfe. Das, was ich nicht mehr kann, sieht man nicht. Ich hoffe, dass das noch ein bisschen so geht. Also, ich habe mich hier bei den Barmherzigen Brüdern gut eingelebt. Jeder erwartet natürlich etwas anderes. Aber ich bin mit allem zufrieden. Ich hätte nicht gedacht, dass es mir im Alter noch einmal so gut gehen wird. Alle sind sehr aufmerksam, man fühlt sich nicht allein.

Ich weiß auf jeden Fall: Es gibt nichts anderes mehr für mich. Ich werde hier versuchen, weiterhin das Beste für mich draus zu machen. Und nach Möglichkeit versuche ich auch noch andere mitzuziehen.

BESONDERS

Martin ist Autist. Er wohnt in einer Wohngruppe der Behindertenhilfe der Barmherzigen Brüder. Dort wird individuell auf seine Bedürfnisse eingegangen. Das ist wichtig, denn die Auswirkungen einer Autismus-Spektrum-Störung sind sehr unterschiedlich. Eine einheitliche Behandlung ist daher nicht sinnhaft. Bei den Barmherzigen Brüdern wird Martin gleichermaßen gefördert und gefordert. Er geht arbeiten und seine Freizeit gestaltet er nach seinen Interessen.

In der Werkstatt für Menschen mit Behinderung in Reichenbach baut Martin Christbaumständer. Genauer gesagt montiert er die Griffe. Denn das macht er am liebsten. In der Werkstatt gefallen ihm vor allem die schönen hellen Arbeitsräume und die Wassersäulen, in denen Fische drin sind. Seine Chefin findet Martin ebenfalls toll.

In seiner Freizeit geht er gerne schwimmen. Es macht Spaß und ist gesund. Leidenschaftlich gerne schaut Martin Filme. Auf DVDs oder gerne auch im Kino mit leckerem Popcorn. Zocken an der Playstation zählt ebenfalls zu seinen Hobbys.

Martin besucht auch gerne seine Familie, macht Ausflüge und trifft sich mit den anderen Bewohnern in den Gemeinschaftsräumen. Durch die Corona-Pandemie ist das aktuell nicht mehr alles so einfach möglich. Deshalb nutzt Martin häufiger das Bildtelefon oder auch WhatsApp. Vor der Corona-Pandemie ist Martin jeden Tag einkaufen gegangen, auch Süßigkeiten. So hat Corona auch im Kleinen etwas Positives.

anders

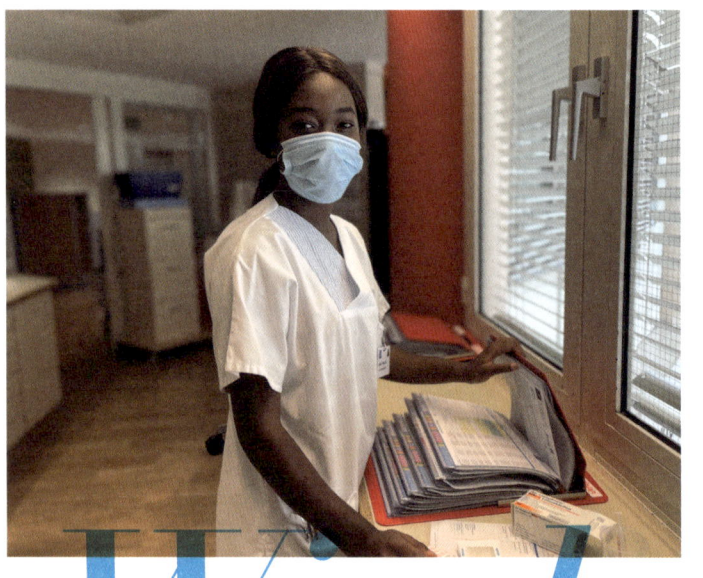

Die 18-jährige Diana Tchakpide macht ihre Ausbildung zur Pflegefachfrau im Krankenhaus Barmherzige Brüder Regensburg. „Ich wollte schon immer Pflegefachkraft werden, das ist mein absoluter Traumberuf", schwärmt Diana über ihre Berufswahl. Am meisten freute sie sich auf ihren ersten Praxiseinsatz in der Klinik St. Hedwig. Denn das Besondere daran: Vor 18 Jahren ist Diana in der Hedwigsklinik geboren. Doch es kommt noch besser! Ihr erster Praxiseinsatz sollte eine wundervolle Überraschung bereithalten.

Wiedersehen
NACH 18 JAHREN

In den ersten Tagen auf Station kam Diana mit ihrer Stationsleiterin Karin Grunwald-Bauer ins Gespräch und erzählt ihr ihre Geschichte. Dianas Mutter stammte ursprünglich aus Kamerun und war zum Zeitpunkt der Geburt erst seit einem Monat in Deutschland. Da Diana etwas zu früh zur Welt kam, blieben Mutter und Kind längere Zeit stationär in der Klinik. Dianas Mutter konnte die deutsche Sprache noch nicht, trotzdem fühlte sie sich durch die Fürsorge des Klinikpersonals immer gut aufgehoben und umsorgt. Auch die beiden Geschwister von Diana wurden schließlich in der Hedwigsklinik geboren.

„Ich war natürlich von der Geschichte begeistert!", erinnert sich Karin Grunwald-Bauer. Sie fragte interessiert nach, ob Diana denn noch wüsste, wer sie damals betreut hatte. Den Namen wusste Diana leider nicht mehr, aber dafür brachte sie am nächsten Tag Fotos mit auf Station. Als Karin Grunwald-Bauer die Bilder sah, traute sie ihren Augen kaum. Auf einem der Fotos lächelte ihr Monika Franz, heute Pflegedienstleitung in der Klinik St. Hedwig, entgegen. Monika Franz war damals Kinderkrankenschwester und für die Betreuung von Diana und ihrer Mutter zuständig. Das rief eindeutig nach einem Wiedersehen!

„Eigentlich sind wir uns ja schon öfter begegnet", erzählt Monika Franz beim Wiedersehen lachend. „Gleich zu Beginn ihres Einsatzes habe ich Diana bei einer kleinen Problematik mit dem Farbdrucker unterstützt. An diesem Tag haben wir uns aber noch nicht erkannt", berichtet sie augenzwinkernd.

Umso mehr freut es sie, die kleine Diana von den Fotos nun 18 Jahre später als Auszubildende in der Klinik St. Hedwig wiederzusehen. Und Diana? Die ist auch begeistert, ihre damalige Pflegerin kennenzulernen. Ihre Rückkehr in die Klinik St. Hedwig ist also definitiv ein voller Erfolg. „Mir gefällt es hier super", betont Diana, „ich freue mich, dass ich zurückgekehrt bin. Und meine Mama freut sich natürlich genauso."

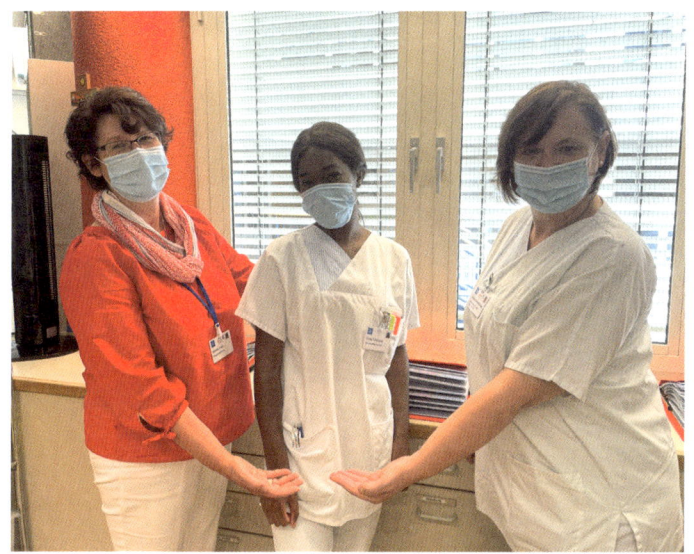

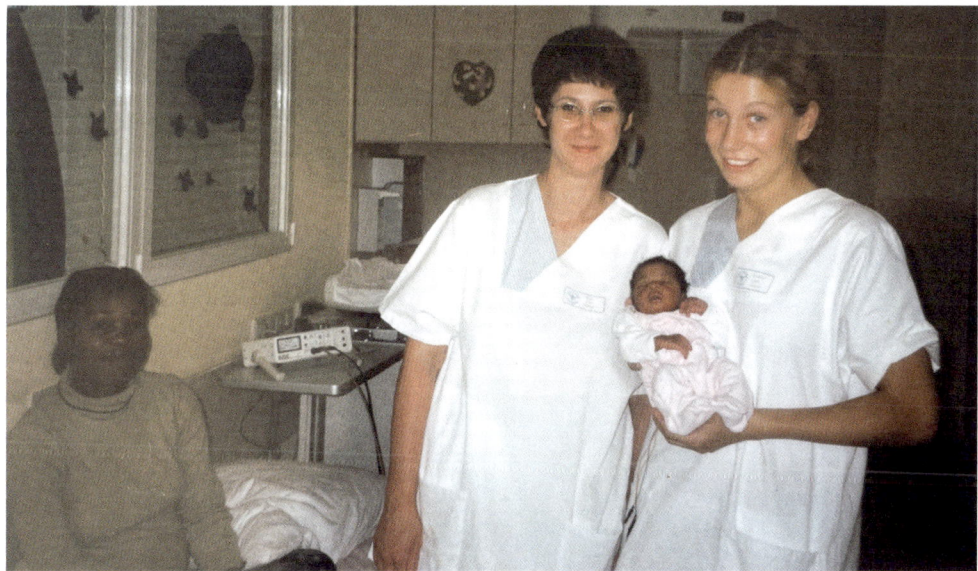

KRISENERPROBT –
Seit 400 Jahren

Wie sind Sie durch die Corona-Pandemie bisher gekommen?

Was hat es mit Ihnen als Mensch gemacht?

„Mir wurde deutlich, dass ich zur rechten Zeit am rechten Ort bin. In meinem Profess-Vers aus dem Johannes-Evangelium sagt der Apostel Thomas: „Lasst uns mit ihm gehen, um mit ihm zu sterben." Zu Anfang der Pandemie habe ich mir die Frage gestellt, ob ich dazu bereit wäre. Und ich habe sie mit Ja beantwortet. Als die Bischöfe verlauten ließen, man müsse ein Wattestäbchen für die Krankensalbung verwenden, da dachte ich mir: Ein Sterbender hat es aber verdient, dass er berührt wird. Ich kann ja Handschuhe tragen und mich nachher desinfizieren. Aber dass die Krankenschwester den Patienten berühren darf und der Priester beim Segnen nicht die Hand auflegen darf, das ging mir nicht ein."

Frater Thomas Väth
Priester und Klinikseelsorger, leitet die Ethikräte des Krankenhausverbunds und der Behindertenhilfe des Ordens

„Auch für mich brachte die Pandemie völlig neue Erfahrungen mit sich. Das gab es in meinem privilegierten Leben bisher nicht, so viele Einschränkungen zu haben. Als Arzt in München habe ich noch nie überlegen müssen, wie ich Ressourcen verteile. Es war für uns im Krankenhausverbund völlig neu, wie Triage-Situationen ethisch zu bewerten sind: Was passiert, wenn ich zwei Patienten habe, die beatmet werden müssen, aber nur ein Beatmungsgerät zur Verfügung habe? Das gibt es an vielen Orten auf der Welt, aber bei uns war es neu."

Prof. Dr. Marcus Schlemmer
Chefarzt der Klinik für Palliativmedizin am Krankenhaus Barmherzige Brüder München

In der 400-jährigen Geschichte der Barmherzigen Brüder in Bayern gab es viele Höhen und Tiefen. Und so einige Krisen, die zu bewältigen waren. Beziehungsweise zu bewältigen sind. So stellt ganz aktuell die lang anhaltende Corona-Pandemie alle vor neue Herausforderungen.

„Auch wir in der Pflege haben Federn gelassen, das muss man einfach so sagen. Trotz aller eigenen Ängste war unser einziges Ziel, die Bewohner unbeschadet über diese Zeit zu begleiten. In der Pflege ist man ja so einiges gewöhnt, aber das war schon noch mal eine Steigerung, gerade das Arbeiten im Vollschutz. Wir hatten auch einen Ausbruch mit 14 Betroffenen, fünf von ihnen sind verstorben. Mit vielen Fragen standen wir ziemlich allein da, etwa war es nicht möglich, einen Sauerstoff-Konzentrator verordnen zu lassen, weil die Krankenkassen das zunächst nicht gestattet haben. Da möchte man fast in die Schreibtischkante beißen, aber wir haben die Konzentratoren dann einfach selbst organisiert."

Nicole Schorer
*Pflegedienstleiterin im
Alten- und Pflegeheim St. Augustin
in Neuburg an der Donau*

„Die Corona-Pandemie stellt uns alle vor besondere Herausforderungen und schränkt uns im Alltag ein. Wir von der Offenen Behindertenarbeit haben es uns zur Aufgabe gemacht, während dieser Zeit besonders für Menschen mit Behinderung da zu sein."

Tamara Kager
*Leiterin der Offenen Behindertenarbeit
im Landkreis Cham, Barmherzige Brüder
Behindertenhilfe*

„Es war eine intensive und herausfordernde Zeit mit Momenten, die einen wahrscheinlich das ganze Leben begleiten werden. Viele Patienten sind in großer Not und auch aus Angst zu uns gekommen. Am Anfang wussten wir noch nicht genau, wie wir mit der Krankheit umgehen müssen. Da haben wir damals mit den Kollegen in Italien telefoniert. Ich kann mich auch noch erinnern, wie ich im März 2020 zum ersten Mal einem Patienten in Vollmontur entgegengetreten bin. Und an den Gedanken, dass man ja auch selbst ernsthaft erkranken könnte. Aber es war schnell klar: Genau wegen solcher Situationen bin ich Arzt geworden."

Dr. Tobias Weißgerber
*Oberarzt im Notfallzentrum des
Regensburger Krankenhauses, engagiert
sich auch in der Mitarbeitervertretung*

HOFFNUNG

„Was passiert, wenn ich nicht mehr da bin."

Schon während der Schwangerschaft wusste Elisabeth Inkmann: „Da stimmt etwas nicht." Durch Untersuchungen war schnell klar, dass ihr Sohn Julian zu klein ist. Er kam schließlich als Frühchen mit 1.200 Gramm zur Welt. Nach 10 Wochen auf der Kinderintensivstation wog er 2.000 Gramm.

Essen war immer ein schwieriges Thema. Mit der Zeit kamen noch einige weitere Herausforderungen hinzu. Als Julian eineinhalb war, zeigte sich erstmals seine Epilepsie. Später wurde ein seltener Gendefekt festgestellt und erst mit knapp 20 erhielt er die Diagnose frühkindlicher Autismus. Da Julian kaum spricht, war lange Zeit nicht klar, wie gut er eigentlich lesen und verstehen kann.

Durch Julians untypische Entwicklung entstand in den gemeinsamen Wochen, Monaten und Jahren eine ganz besondere Beziehung zwischen Elisabeth

Inkmann und ihrem Sohn. Unzählige Therapien, Behandlungen und Förderungen hat sie für ihn erkämpft. Immer nach neuen Wegen und Lösungen gesucht. „Meine Sorge war nur, was passiert, wenn ich nicht mehr da bin."

Als lebensfroh und liebevoll beschreibt Elisabeth Inkmann ihren Sohn Julian. „Er weiß genau, was er will und lebt trotzdem ganz und gar im Jetzt." Julian versteht es, seine Ziele zu verfolgen. Zum Ende der Schulzeit war erstmal unklar, wie es für Julian weitergehen sollte. Ein neuer Lebensabschnitt stand an – der Sprung ins Erwachsenenleben.

Nach einem Praktikum bei den Barmherzigen Brüdern war Julian schnell überzeugt und wollte wiederkommen. Zwei Jahre besuchte er als externer Beschäftigter die Förderstätte. Im Oktober 2019 zog er dann in die gemeinschaftliche Wohnform. Weg von daheim, ein Riesenschritt in Richtung Erwachsensein.

Seine Mutter schätzt vor allem, dass ihm bei den Barmherzigen Brüdern vermittelt wird: „Du bist richtig, so wie du bist." Sie ist sich sicher, er spürt die Wertschätzung, die ihm hier entgegengebracht wird. Zugegebenermaßen war es anfangs schwierig. Die völlig veränderte Wohnsituation, das Leben in einer Gruppe statt in der Familie, die Suche nach der eigenen Identität. Strukturelle Veränderungen

sind eine große Herausforderung für Menschen im Autismus-Spektrum und deren Umfeld. „Letztlich war es ein Abnabelungsprozess für uns beide. Aber ich kann darauf vertrauen, dass er hier in besten Händen ist", sagt Elisabeth Inkmann.

Die Mitarbeitenden haben gelernt, was Julian braucht, um in seiner Individualität leben zu können. Verlässlichkeit. Sich verstanden fühlen. Ernst genommen werden. Denn Julian Inkmann ist ein erwachsener Mann geworden und möchte auch so behandelt werden.

„Für ihn war es hier ein Ankommen."

STARTHILFE INS LEBEN

Den Tag der Geburt ihrer Zwillinge Anfang Dezember 2020 wird Mutter Laura* niemals vergessen. Laura war mit Zwillingen – einem Jungen und einem Mädchen – schwanger, der errechnete Geburtstermin war erst im Frühjahr 2021. Doch bei einer Untersuchung wurde schnell klar, dass sich kurz nach dem Erreichen der 26. Schwangerschaftswoche eine viel zu frühe Geburt ankündigt. „Anfang Dezember kamen unsere Zwillinge in der Hedwigsklinik in der 26+2 Schwangerschaftswoche zur Welt. Die beiden wogen nur 910 Gramm und 875 Gramm. Sie waren noch so klein!", erinnert sich die Mutter zurück. „Unser Junge blieb zweieinhalb Monate in der Hedwigsklinik und unser Mädchen musste etwas länger bleiben, circa dreieinhalb Monate."

Es war eine schwierige Zeit für die Familie, doch sie waren während dieser Monate nicht allein. „Wir bekamen von Anfang an große Unterstützung in der Klinik und fühlten uns sehr gut aufgehoben", berichtet die Mutter. Laura hatte während der ganzen Zeit ein Wohnheimzimmer direkt bei der Klinik und konnte so in der Nähe ihrer Frühgeborenen bleiben. Denn neben der Betreuung durch das Expertenteam aus spezialisierten Pflegekräften und Kinderärzten ist es für das Behandlungskonzept im Perinatalzentrum der KUNO Klinik St. Hedwig sehr wichtig, bei Frühgeborenen die Eltern in die Versorgung ihres Kindes mit einzubeziehen und einen intensiven Eltern-Kind-Kontakt zu schaffen. Denn die Intensivmedizin allein kann die Entwicklung eines ungeborenen Kindes im Mutterleib nicht ersetzen.

Trotz der schwierigen Geburt und der nervenzehrenden Zeit im Krankenhaus hat das Team aus Pflegekräften, Medizinern und Eltern es geschafft: Die Zwillinge haben sich prächtig entwickelt. Laura ist dankbar für diesen Einsatz: „Als unser Mädchen dann auch endlich entlassen wurde, gingen wir mit einem lachenden und einem weinenden Auge. Wir haben uns durch die Betreuung der Schwestern und Ärzte trotz der Situation sehr wohl gefühlt."

*Name geändert

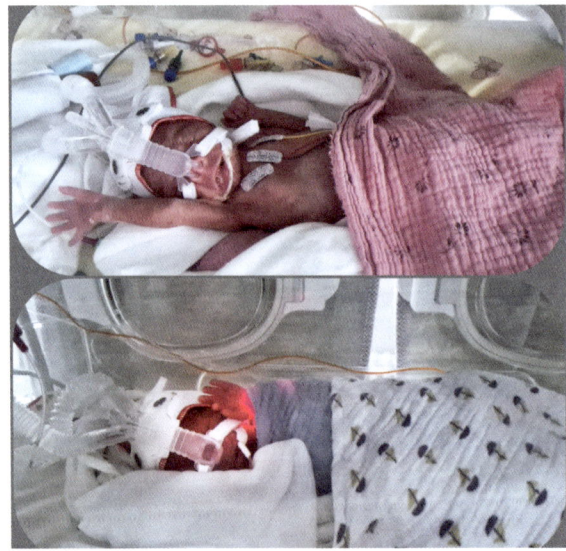

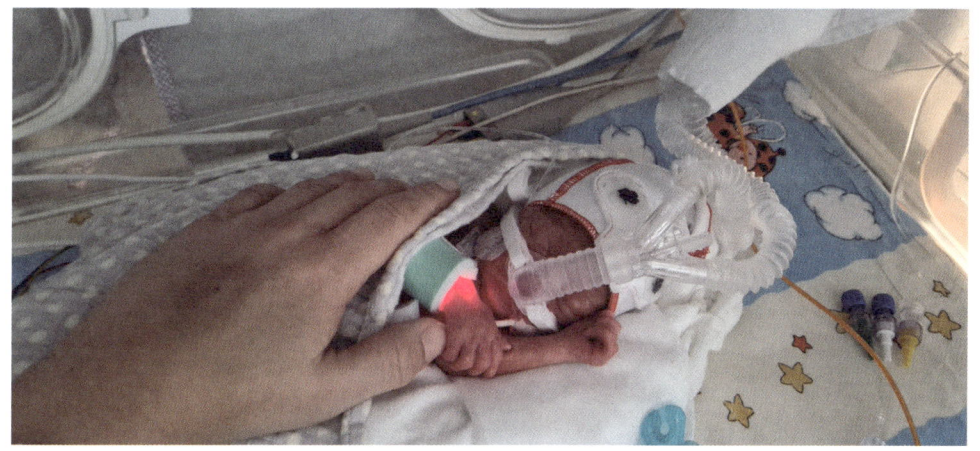

ERD.VERBUNDEN –
himmelsnah

Eustachius Kuglers Weg vom Bauschlosser zum Krankenhauserbauer

Für die Menschen in der Oberpfalz hat Eustachius Kugler, der Erbauer des Krankenhauses der Barmherzigen Brüder in Regensburg, eine ganz besondere Bedeutung. Sein Wirken gab den Menschen Hoffnung und Beistand in schweren Zeiten und der Region eine Zukunftsperspektive – damals wie heute.

Der „Kugler Sepp" – wie er mit bürgerlichem Namen heißt – wird am 15.1.1867 in Neuhaus/Nittenau geboren. Er absolviert eine Lehre als Bauschlosser. Während der Arbeit fällt Josef vom Gerüst und zieht sich eine Beinverletzung zu, mit deren Folgen er sein Leben lang zu kämpfen hat. An eine Arbeit auf dem Bau ist nicht mehr zu denken. Er zieht zu seiner Schwester nach Reichenbach. Dort kommt er mit dem Orden der Barmherzigen Brüder in Kontakt. Fasziniert vom Leben der Brüder tritt er in den Orden ein und erhält den Namen Frater Eustachius.

20 Jahre lang beweist er sein Geschick als Prior, Bauherr und Organisationstalent, um Kranke und Menschen mit Behinderung optimal zu versorgen. Viermal wird er als Provinzial der Bayerischen Ordensprovinz wieder gewählt und übt das Amt bis zu seinem Tod aus. Längst in Amt und Würden, genießt er es, für einen einfachen Bruder gehalten zu werden. Er verfasst ermutigende Rundschreiben an die Mitbrüder, erledigt Einkäufe, putzt das Gemüse fürs Mittagessen – und pflegt Kranke.

Mitten in der Weltwirtschaftskrise realisiert er seine Vorstellung von „Zukunft schaffen", indem er 1929 das neue Regensburger Krankenhaus, bestehend aus einem Männer- und (ab 1930) aus einem Frauenbau mit insgesamt 450 Betten, eröffnet. Wegen der gewagten Größe und der Kosten ist das Millionenprojekt umstritten. Doch früh hat er den Mehrwert eines Krankenhauses für die Menschen und die Region erkannt. Die Stadt Regensburg stellt nur den Grund zur Verfügung, die Finanzierung wird auf alle Häuser der Provinz verteilt. Skeptikern und Kritikern entgegnet Kugler: „Ich habe die Sache mit meinem Herrgott ausgemacht. Es wird nichts fehlen." Und so war es auch.

In seinen letzten Lebensjahren treffen Kugler in der Zeit des Dritten Reichs die Auflösung von Einrichtungen, Verhöre durch die Gestapo und die Euthanasieverbrechen der Nazis schwer. Können ihn aber nicht aufhalten. Er hilft weiterhin, wo er kann. Nach dem Krieg 1945 beschlagnahmt das amerikanische Militär das Krankenhaus. Die Rückkehr in die Hände der Barmherzigen Brüder erlebt er nicht mehr: Er stirbt im Juni 1946 an einem Krebsleiden.

Am 4. Oktober 2009 wird Frater Eustachius Kugler in Regensburg selig gesprochen.

Lernen, lernen,

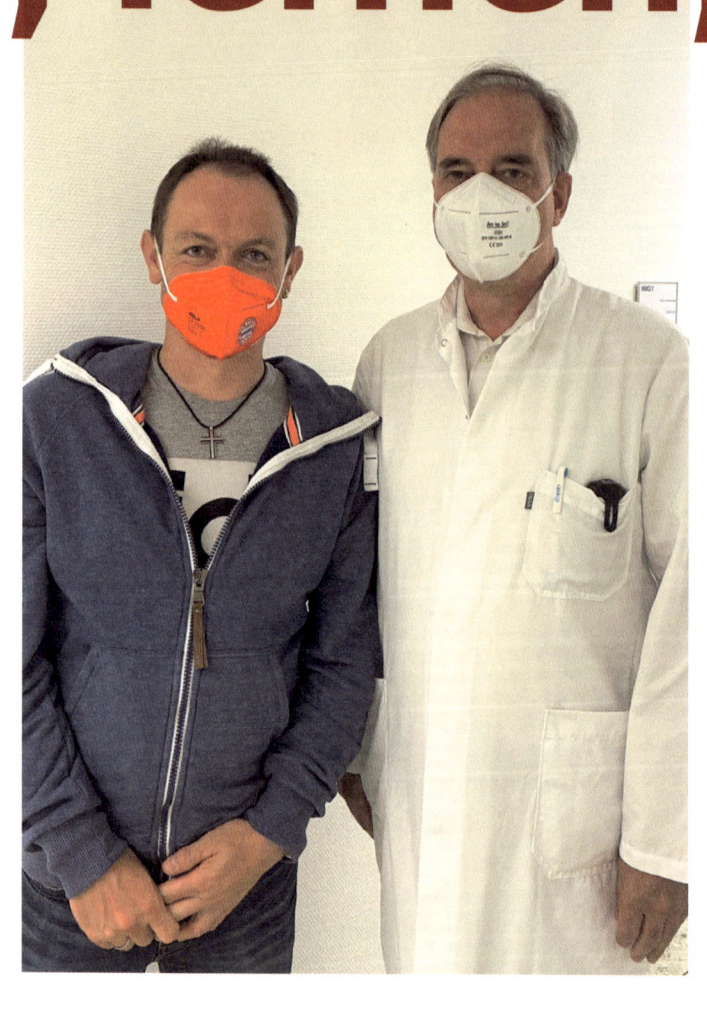

lernen.

„Zelt – Rutsche – Schiff."

Noch etwas unsicher sieht die Schrift auf dem Blatt Papier aus, vor dem Markus Schedlbauer und seine Tochter sitzen. Doch der Mittvierziger lernt nicht mit seiner Tochter, sondern sie mit ihm. Im November 2019 erleidet der zweifache Familienvater einen Schlaganfall: „Ich bin morgens ganz normal aufgestanden, hab im Bad Zähne geputzt. Da habe ich schon gemerkt, dass etwas nicht stimmt. Mein Bild im Spiegel war plötzlich ganz verschwommen. Und dann bin ich auch schon nach hinten umgefallen." Seine Frau findet ihn kurz darauf leblos auf und ruft den Notarzt. Der fordert einen Rettungshubschrauber an. Damit geht es auf kürzestem Weg ins Barmherzige Brüder Klinikum St. Elisabeth in Straubing.

DAS ERSTE LEBEN WIRD GERETTET

Der schnelle Transport ins Klinikum und die daraus zeitnah eingeleitete Therapie haben Markus Schedlbauers Leben gerettet. Denn beim Schlaganfall zählt jede Minute. Deshalb setzt man in Straubing auf modernste Technik und ein geschultes Team. Und so weiß in der spezialisierten Schlaganfalleinheit bei Ankunft des Patienten jeder, was zu tun ist. Präzision und Schnelligkeit zahlen sich aus: Der größte Teil der Nervenzellen kann erhalten werden.

INS ZWEITE LEBEN KÄMPFT ER SICH ZURÜCK

Dank des schnellen Rettungseinsatzes bleiben bei Markus Schedlbauer fast keine körperlichen Lähmungserscheinungen zurück. Medizinkunst auf der einen Seite, Kämpfergeist auf der anderen: So zufrieden die Ärzte mit den Fortschritten ihres Patienten sind, er selbst will mehr. „Es hätte viel schlimmer kommen können", dessen ist er sich bewusst.

Denn die Sprache bereitet ihm nach wie vor Schwierigkeiten. Dabei versteht er alles. Nur die Worte wollen einfach nicht so kommen, wie er sich das vorstellt. Er gibt nicht auf. „Lernen, lernen, lernen", lautet seit zwei Jahren seine Maxime. Sein größter Wunsch: Er will wieder richtig anpacken können, am besten in seinem Beruf als Lagerlogistiker. Ärzte, Therapeuten, der Arbeitgeber, Freunde und vor allem seine Familie unterstützen ihn. „Wenn er Hilfe braucht, dann sagt er es uns. Dann helfe ich ihm. Weil ich die meisten Sachen mit Lesen, Schreiben und Satzbau ja schon kann", bringt seine Tochter ihr ganz konkretes Unterstützungsangebot auf den Punkt. Auf seinem Weg in sein zweites Leben ist Markus Schedlbauer nicht alleine.

DAMIT FAMILIEN
Kraft schöpfen können

Einkaufen, Spazieren gehen, Zeit für sich haben. Was für viele Menschen etwas ganz Normales ist, ist für Eltern und Angehörige von Menschen mit Behinderung eine Seltenheit.

„Es ist manchmal nicht einfach, doch er ist mein Kind und ich liebe ihn über alles", erklärt Elisabeth Knöllinger, die Mutter des 26-jährigen Nico. Nico ist Autist und hat eine schwere geistige Behinderung. Das bestimmt den Alltag der ganzen Familie. Damit Nicos Mutter sowie weitere 120 Familien im Landkreis Cham immer mal wieder Kraft schöpfen können, gibt es von der Offenen Behindertenarbeit der Barmherzigen Brüder einen sogenannten familienentlastenden Dienst. Der Dienst richtet sich an Familien von Menschen mit Behinderung und soll Angehörige entlasten, indem die Betreuung der Menschen mit Behinderung stundenweise übernommen wird. Nach Absprache können auch Geschwister ohne Behinderung daran teilnehmen.

Dabei werden Spiele gespielt, Ausflüge gemacht oder die Betreuung findet auch im häuslichen Umfeld statt. Die Unterstützung kann also ganz an die jeweiligen Bedürfnisse der Familien angepasst werden. Auch am Wochenende und an Feiertagen. Dieses Angebot tut allen gut. So freut Nico sich auf die Spaziergänge und Besuche am Waldspielplatz mit der Heilerziehungspflegerin Kristina Fox. Sie hat Nicos Vertrauen gewonnen und er genießt die Ausflüge mit ihr. Derweil kann Nicos Mutter die Zeit für sich und andere Familienmitglieder nutzen.

Sie

lebt!

Ein Jahr nach ihrer dramatischen Rettungsaktion kehrt Denise Ebelt an den Ort zurück, an dem ihr ein zweites Leben geschenkt wurde.

„Schockraum 1" steht in weißen Lettern auf der grünen Tür mitten in der Zentralen Notaufnahme. Dahinter ein nüchterner Raum, in gleißend helles Licht getaucht. Weiß, hygienisch rein, voll medizinischer Geräte. Kein Raum, um sich auf den ersten Blick wohl zu fühlen. Aber ein Ort, an dem es immer wieder um das Wichtigste geht: um Leben und Überleben.

Als Denise Ebelt im November 2017 per Rettungswagen mit völliger Unruhe und Luftnot in die Notaufnahme eingeliefert wird, hat sie dafür keine Augen. Und auch kaum mehr Zeit, um die in dieser Situation wichtigste Information preiszugeben: Drei Wochen vorher ist ihr, die unter einem angeborenen Herzfehler leidet, ein sogenanntes Schirmchen am Herzen implantiert worden. Für Ärzte und Pflegefachkräfte kam der entscheidende Hinweis in letzter Minute. Denn unmittelbar darauf wird die Patientin reanimationspflichtig. Per Herz-Ultraschall konnte ein großer Erguss im Herzbeutel diagnostiziert werden, der mit dem Leben nicht vereinbar ist.

Rückblickend betrachtet war es durch das Schirmchen zu einem Einriss in die Hauptschlagader gekommen. Zwei Stunden haben viele helfende Hände die Patientin reanimiert, den Erguss punktiert, sie notfallmäßig versorgt und um ihr Leben gekämpft. Keine alltägliche Situation; Szenen, die die Beteiligten auch ein Jahr danach nicht vergessen haben. Dr. Jochen Spieß, Ärztlicher Leiter der Zentralen Notaufnahme, erinnert sich noch, wie er zum Hörer gegriffen und kompromisslos von der Stimme am anderen Ende der Leitung gefordert hat: „Ich brauche ein ECMO-Team! In spätestens zwanzig Minuten!"

In Windeseile kommt das Team per Hubschrauber. Sie nehmen Denise Ebelt mit nach Regensburg. Dort erfolgen Eingriffe am Herzen, an der Leber und den Gefäßen. An das Gefühl, als der Helikopter abhebt, kann sich Dr. Elisabeth Bösl, Chefärztin der Kardiologie, noch schmerzlich erinnern: „Wir beteiligten Ärzte hatten nur eine geringe Hoffnung, dass sie es überlebt." Tage, Wochen, Monate vergehen. Zeit, in der sich Denise Ebelt zurück ins Leben kämpft. Aber auch Zeit, in der sich in ihr der Wunsch verfestigt, an jenen Ort zurückzukehren, an dem ihr ein zweites Leben geschenkt wurde. Und um ihren Rettern zu danken.

14. November 2018, ein wolkenverhangener Tag: Denise Ebelt steht an der Tür zum Schockraum 1. Fast andächtig wirkt der Moment, aber er währt nur kurz. Denn die Patientin von einst öffnet beherzt die Tür und tritt ein. Sie, von der alle Anwesenden sagen, es sei ein Wunder, dass sie noch lebt, blickt sich im Zimmer um. Sie ist wieder da. Sie lächelt. Sie lebt!

würde

Eine Geschichte aus dem Klinikalltag.

Ein verwitweter Patient kommt zu uns ins Krankenhaus und verlebt hier seine letzten Lebenstage: Er ist schon lange pensioniert. Seiner Verantwortung in einer leitenden Stellung ist er immer mit großem Engagement nachgekommen. Diese Position hat ihn über die Jahre zu einer starken Persönlichkeit gemacht. Nun, schon betagt, spürt er seine Hinfälligkeit immer deutlicher, was ihm sehr zu schaffen macht. Er zieht sich immer mehr zurück, pflegt die wenigen Kontakte nur mehr telefonisch. Irgendwann kommt der Punkt, wo er auf Hilfe angewiesen ist. Jedoch kann und will er keinerlei Unterstützung annehmen. Nach einer Zeit in fast unwürdigen Lebensverhältnissen kommt er ins Krankenhaus und trifft hier auf einen jungen Arzt, der es versteht, ihm Verständnis für seine prekäre Situation entgegenzubringen. Der Patient kann es schließlich gut zulassen, sich von ihm und vom ganzen Team behandeln zu lassen.

Eine Angehörige des Patienten drückt es so aus: „Dieser junge Arzt hat meinem Bruder seine Würde zurückgegeben." Wenige Tage nach dem Tod des Patienten sucht die Angehörige den Arzt nochmals auf, um für sich einige Fragen zu klären. Sie meint, es sei schon außergewöhnlich, dass sich jemand im Nachhinein so viel Zeit nimmt.

Darauf entgegnet ihr der Arzt: „Dafür bin ich da!"

DRAUSSEN

Obdachlosenhilfe der Barmherzigen Brüder in München

Tausende Menschen in München sind ohne eigene Wohnung. In einer Spirale von Armut und Abstieg rutschen manche aus dem sozialen Netz und leben auf der Straße. Für sie ist die Münchner Straßenambulanz da.

Ins Rollen kam das Projekt zur Feier des 500. Geburtstags von Johannes von Gott, dem Ordensgründer der Barmherzigen Brüder. Er selbst hat Kranke und Hilfsbedürftige seinerzeit von der Straße aufgesammelt – als lebendiger Rettungswagen sozusagen. Die Münchner Straßenambulanz tut dies nun mit modernen Mitteln: einem Krankenwagen, medizinischem Personal, aktueller Medizin und viel Engagement.

Den Besuch bei einem Arzt schieben viele Menschen vor sich her. Richtig schwer tun sich damit Wohnungslose, denn wirklich gern gesehen sind sie im Wartezimmer nicht. Um ihnen medizinische Versorgung zu bieten, gibt es in München seit vielen Jahren die allgemeinmedizinische Arztpraxis für Wohnungslose im Städtischen Unterkunftsheim für Männer an der Pilgersheimer Straße. Dennoch zeigt sich, dass ein Teil der Obdachlosen den Weg dorthin scheut. Deshalb arbeiten der Katholische Männerfürsorgeverein München e. V. (KMFV), die

Bayerische Ordensprovinz der Barmherzigen Brüder und die Arztpraxis für Wohnungslose seit Februar 1997 im Projekt „Münchner Straßenambulanz" zusammen. In einer rollenden Arztpraxis, eigens eingerichtet in einem Behandlungsbus, fahren eine Ärztin oder ein Arzt gemeinsam mit einer Pflegekraft an drei Abenden und Nächten pro Woche zu den Treffpunkten der Szene und bieten vor Ort Hilfe an.

Ohne Wertung der Person, ohne Frage nach Religionszugehörigkeit oder Nationalität, ohne Rücksicht, ob die Patientin oder der Patient krankenversichert ist, ohne Kosten, und auf Wunsch auch anonym – hilft die Münchner Straßenambulanz. Meist braucht es große Motivationskraft und viel menschliche Nähe des medizinischen Personals, um die mitunter lebensrettenden Maßnahmen einleiten zu können. Aufbauend auf dieser Nähe kann bei den wohnungslosen Menschen Vertrauen wachsen und der Mut, auch in anderen Belangen wieder das Leben in die Hand zu nehmen.

Jeder Obdachlose hat eine Vergangenheit, aber auch eine Zukunft. Viele haben Träume und Wünsche. Die Barmherzigen Brüder betrachten die Hilfe für obdachlose Menschen als tief verankert in der Geschichte und Spiritualität des Ordens. Die Barmherzigen Brüder stehen dazu: Barmherzigkeit und Hoffnung als Markenzeichen.

VOR DER TÜR

Ein Pferd im Garten

„Bevor ich sterbe, möchte ich noch einmal mein Pferd sehen!" Diesen sehnlichsten Wunsch äußerte eine schwerkranke Patientin der Palliativstation gegenüber Chefarzt Prof. Dr. Marcus Schlemmer. Da sie zu krank war, um zu ihrer 10-jährigen Stute Nelly in den Stall zu fahren, konnte dieser Wunsch nur erfüllt werden, indem man Nelly zu ihr brachte. Prof. Schlemmer erkundigte sich nach Pferdetransportmöglichkeiten und fand eine junge Reiterin, die ein Pferdetaxi betreibt und diesen ungewöhnlichen Transport durchführen wollte. Es sollte eine Überraschung für die Patientin werden. Eine Freundin, die ihr Pferd gut kennt, ihre Eltern und ihr Mann waren eingeweiht.

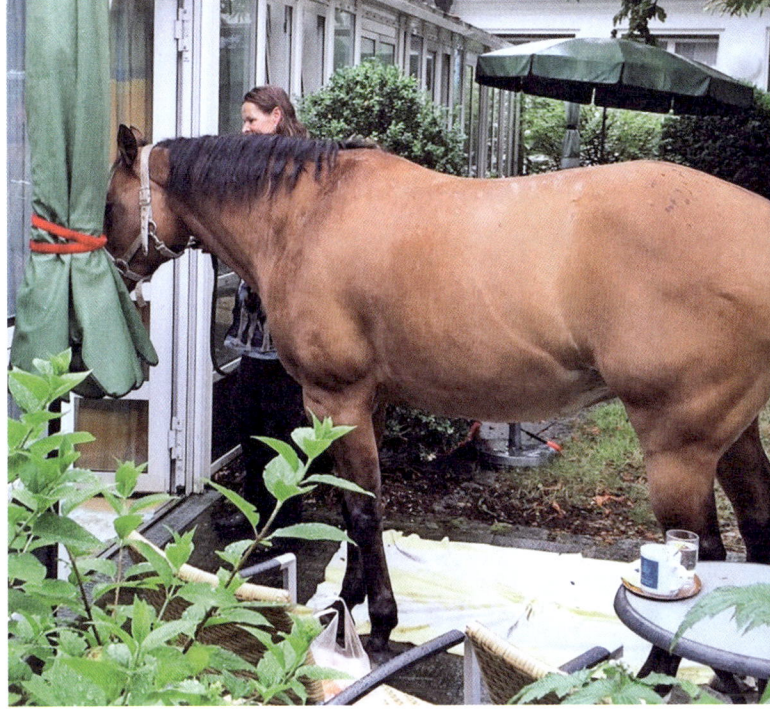

Als ihre geliebte Nelly in dem Garten der Palliativstation, direkt auf der Terrasse vor ihrem Krankenzimmer stand, mochte die Patientin erst ihren Augen gar nicht trauen. Auch Nelly war wegen der ungewohnten Umgebung und nach der Fahrt mit dem Pferdetransporter erst zurückhaltend. Einige Äpfel und Karotten später hatte sich Nellys Aufregung gelegt und es herrschte große Freude, ihre Besitzerin wieder zu sehen. Die Patientin schüttelte während der Aktion mehrfach den Kopf und meinte immer wieder zu Prof. Schlemmer, Oberärztin Dr. Susanne Roller und dem Pflegepersonal: „Ihr seid schon ein bisschen verrückt hier, oder?" Was von allen lächelnd bejaht wurde.

Wenn schwerkranke Patientinnen und Patienten auf der Palliativstation Besuch von ihren Hunden oder Katzen bekommen können, weil es ihnen gut tut, ihnen Freude bereitet und ihre schwere Erkrankung für einen kleinen Augenblick in den Hintergrund rückt, warum dann nicht auch von einem Pferd? Natürlich geht das nicht mit jedem Haustier, auch nicht mit jedem Pferd. Mit Nelly ging es, zur Freude aller, sehr gut. An diesem regnerischen Tag trabte die Quarter Horse Stute freudig durch das große grüne Tor der Schlossmauer, gerade zu der Zeit, als viele Mitarbeitende der Klinik in den Feierabend gingen. Einige kamen aus der Tür und sahen draußen den Pferdetransporter stehen. Auf die Frage, ob dort ein Pferd drin sei, bekamen sie die Antwort: „Nein, das steht dort im Palliativgarten, Sie sind gerade daran vorbeigegangen." Die meisten drehten sofort um, gingen zurück in den Hof und kamen mit großen, staunenden Augen wieder raus und meinten glücklich: „Da drin steht ein Pferd!" So hat die Aktion nicht nur der Patientin Freude bereitet, sondern auch all denen, die Zaungäste dieses wunderschönen, bewegenden Ereignisses waren.

fürsorge

Berufungs geschichten

Frater Seraphim Schorer, Konvent Regensburg:

Als ich zehn oder elf Jahre alt war, da hatte eine Freundin meiner Mutter Kopfschmerzen. Ich habe ihr den Nacken und die Schultern massiert, und das Kopfweh war weg. Da habe ich mir gedacht, das möchte ich mal beruflich machen. Nach Schule und Zivildienst habe ich dann auch eine Ausbildung gemacht, war aber gleichzeitig auch spirituell intensiv auf der Suche, durchaus auch in anderen Religionen. Aber meine Beziehung zu Jesus hat sich so vertieft, dass ich in einer geistlichen Gemeinschaft leben wollte.

In der Wartezeit auf meine Masseur-Ausbildung habe ich eine Lehre als Steinmetz und Steinbildhauer begonnen. Das war zwar kreativ, aber mir haben schnell die Menschen gefehlt. Durch den Zivildienst wechselte ich in den sozialen Bereich. Auf meiner Suche nach spirituellen Angeboten bin ich auf einen altmodischen Flyer der Barmherzigen Brüder gestoßen. Die Verbindung von geistlichem Leben und sozialem Tun hat mir gut gefallen. In den frühen Zeiten des Internets habe ich das deutsche Ordensregister entdeckt, da stehen die Brüder weit vorn im Alphabet. Es gab die Möglichkeit zu einem Praktikum, und ich habe einfach angerufen – übrigens bei Frater Richard!

Wie wird man Ordensmann? Und wie kommt man zu den Barmherzigen Brüdern?

Frater Richard Binder, Konvent Neuburg:

Ich war Bankkaufmann, da kam eines Tages ein freundlicher Herr und bat mich 40.000 Mark an das Lateinamerika-Hilfswerk Adveniat zu überweisen. Das habe ich zunächst überhaupt nicht verstanden und den Mann am Abend besucht mit der Frage, ob er das ernst meint. Dieser Verzicht auf so viel Geld hat mich irgendwie aus der Bahn geworfen. Dann hat sich herausgestellt, dass der Mann als Missionar in Südamerika war. Das hat mich schwer beeindruckt und in mir den Wunsch nach einem geistlichen Leben geweckt.

Ein geistliches Leben in Verbindung mit einer sozialen Tätigkeit, das hat mich fasziniert. Aber ich war auch unsicher, ob ich in ein Kloster passen würde. Da habe ich einen Text über die Barmherzigen Brüder im Bistumsblatt gelesen und mir gedacht, das könnte passen. Und dann habe ich Frater Bernhard in Regensburg angerufen. Zunächst wollte ich ihm meine Adresse gar nicht geben, aber er hat bei aller Freundlichkeit nicht locker gelassen. So bin ich dann zu einer „Woche im Kloster" nach Regensburg gefahren. Und daraus sind inzwischen 45 Jahre geworden!

Zweifach berufen –

EIN TAG MIT FRATER SEBASTIAN

Frater Sebastian Fritsch ist seit gut drei Jahren Teil des Konvents der Barmherzigen Brüder in Regensburg. Als Heilerziehungspfleger arbeitet er in der Einrichtung für Menschen mit Mehrfachbehinderung im Stadtteil Schwabelweis. Und wir schauen ihm für einen Tag über die Schulter.

Es ist kurz nach 6 Uhr. Zu einer Zeit, zu der andere vielleicht ihren Wecker gerade nochmals auf „Snooze" stellen, nimmt Frater Sebastian bereits am Morgengebet im Regensburger Konvent der Barmherzigen Brüder teil. Nach dem anschließenden Frühstück schwingt er sich aufs E-Bike und radelt die Donau entlang bis zur Einrichtung des Ordens für geistig und mehrfach Behinderte in Schwabelweis.

Hier arbeitet Frater Sebastian als Heilerziehungspfleger. Wie jeder Barmherzige Bruder geht auch er einem Beruf im sozialen Bereich nach. „Dass ich mit Menschen arbeiten möchte, das stand für mich nach der Schule fest", erklärt der 34-Jährige und ergänzt: „FSJ, Zivildienst und dann meine Ausbildung: Ich habe viel gesehen. Aber die Arbeit mit mehrfach behinderten Menschen, das ist einfach genau mein Ding." Wohl auch deshalb vergeht für ihn die Zeit am Arbeitsplatz wie im Flug.

ERSTE BERUFUNG: HEILERZIEHUNGSPFLEGER

Die Tagesstätte und das Wohnhaus in Schwabelweis gibt es jetzt seit gut drei Jahren, insgesamt rund 60 Menschen mit Behinderung werden hier begleitet. Ganz unterschiedliche Bedürfnisse und Fähigkeiten zeichnen jeden einzelnen Bewohner aus. Gefördert wird individuell und mit unterschiedlichen Schwerpunkten: Von

Entspannungstechniken über Bewegungsförderung bis hin zu lebenspraktischen Übungen ist alles dabei. „Naja, ich geb's offen zu, mit Aktivitäten wie Kochen und Backen hab´ ich es nicht so, das soll ja auch schmecken", schmunzelt Frater Sebastian, „aber ich musiziere sehr gerne mit unseren Bewohnern." Auch nach 14 Jahren im Beruf fasziniert ihn immer noch, wie viel durch gezielte Förderung möglich wird. „Wenn ein motorisch stark eingeschränkter Mensch sich auf dem Stehbrett aufrichtet, das bewegt auch mich", stellt er fest. Gleichzeitig empfindet er das „Einfach-für-Jemanden-da-Sein" als zentralen Bestandteil seiner Tätigkeit: „Das größte Lob für meine Arbeit ist, wenn ich fühle, `Mensch, den hast Du jetzt froh gemacht!`"

ZWEITE BERUFUNG: BARMHERZIGER BRUDER

Mit seiner Ausbildung zum Heilerziehungspfleger hat Frater Sebastian also bereits als sehr junger Mann nicht nur einen Beruf, sondern ein Stück weit auch eine Berufung gefunden. In anderer Hinsicht machte er sich aber mit Anfang 20 gerade erst auf die Suche... und findet schließlich im Ordensleben und bei den Barmherzigen Brüdern seine geistige Heimat. Per Zufall ist er auf den Pflegeorden gestoßen, geblieben ist er aus Überzeugung: „Mich beeindruckt es, wie hier für und mit Menschen gearbeitet wird und was hier alles gestemmt wird!"

Mittlerweile ist es kurz vor 17 Uhr. Doch wenn Frater Sebastian nach seinem Feierabend in Schwabelweis in den Konvent zurückradelt, dann ist sein Tag noch lange nicht vorbei. Mit einem gemeinsamen Gebet um 18 Uhr und anschließender Heiligen Messe sammeln sich die Brüder. Nach dem Abendbrot bleiben Zeit und Muße für Gespräche und gemütliches Beisammensein. „Ich bin sehr dankbar dafür, dass meine Tage so erfüllt sind", stellt der junge Mann fest und ergänzt mit einem Lächeln: „Aber ganz ehrlich, oft bin ich auch einfach müde. Manchmal werde ich dann geneckt, wenn mir beim gemeinsamen Gebet abends kurz die Augen zufallen." Doch so ist das wohl, wenn man quasi zweifach berufen ist.

Abenteurer, Allround-Talent und Revolutionär

Hirte, Soldat, Gastarbeiter, Pilger, Buchhändler und Kranken-pfleger – Johannes von Gotts bewegtes Leben gipfelt im selbstlosen Einsatz für die Kranken und Ärmsten der Gesellschaft. Sein Verständnis von Fürsorge und Barmherzigkeit beeindruckt die Menschen – damals und heute – und macht ihn zum Ordensgründer der Barmherzigen Brüder.

JOHANNES VON GOTT

Im Frühjahr 1495 kommt der kleine Juan Ciudad in einem portugiesischen Dorf auf die Welt. Als Hirte schlägt er sich durchs Leben, kämpft als Soldat, pilgert nach Santiago de Compostela und landet schließlich in Granada, wo er mit 43 Jahren einen kleinen Buchladen eröffnet. Ein Jahr später verändert sich sein Leben gravierend. Am 20. Januar 1539 hört er eine Predigt des heiligen Johannes von Avila, die ihn sehr beeindruckt. Er verschenkt sein Hab und Gut und predigt unablässig von Barmherzigkeit. Sein vehementes Auftreten bringt ihn ins königliche Hospital. Das Leid der Mitpatienten und die vielen kranken Armen, die oft gar nicht aufgenommen werden, bestärken in ihm die Idee für sein Lebenswerk: die moderne Krankenpflege.

Für seine Ansichten gilt er damals als Revolutionär. Sein Verständnis von Krankenpflege beruht auf dem Prinzip der Fürsorge: Er bemüht sich um Arme, Kranke und Waisen und bietet ihnen Schutz und Hilfe. Nach seiner Entlassung aus dem Hospital sammelt er Arme und Kranke auf den Straßen ein und versorgt sie im Innenhof einer wohltätigen Adelsfamilie. Dort auf einem Torbogen befindet sich der Wahlspruch der Familie: „Das Herz befehle" – dieser Satz wird zu seinem Lebensmotto.

Schon bald kann er mit Hilfe von Spenden sein erstes Hospital eröffnen. Und er packt überall mit an. Er gibt jedem Patienten ein eigenes Bett, errichtet eigene Stationen für Schwerstkranke sowie psychisch Erkrankte und schafft ein Zuhause für Waisenkinder. Sein selbstloser Einsatz schürt sein Ansehen in der Bevölkerung. Die ersten Anhänger schließen sich ihm an. Als der Bischof von Tuy ihm den Beinamen „von Gott" und ein Ordenskleid gibt, ist der Grundstock für den Orden der Barmherzigen Brüder gelegt.

Nur elf Jahre bleiben Johannes von Gott, um seine Definition von Fürsorge und Barmherzigkeit vorzuleben. Denn im Frühjahr 1550 sieht er im Fluß Genil einen Buben ertrinken und stürzt sich ins Wasser. Sein Einsatz ist leider vergeblich: Der Bub ertrinkt und sein Retter, Johannes von Gott, stirbt erschöpft vom selbstlosen Rettungseinsatz kurz darauf, am 8. März 1550. Er wird nur 55 Jahre alt.

Entdecken Sie mehr!
www.barmherzige.de/
400jahre-ausstellung

FÜRSOR

OPTIMISMUS OI

Vertrauen

MITGEFÜHL FREIHEIT KL

GLEICHBERECHTIGUNG

Loyalität DIPLOMATIE

MENSCHLICHKEIT ENGAGEM

GERECHTIGKEIT D AN

Ehrlichkeit

GE *Ehrlichkeit*

FENHEIT BESCHEIDENHEIT

ARHEIT ENTWICKLUNG

Respekt ZIELSTREBIGKEIT

SENSIBILITÄT SELBSTBESTIMMUNG

ENT *Kollegialität*

KBARKEIT ACHTSAMKEIT

„WERTE LEBEN *ist ein Prozess.* **KEINE PROJEKTARBEIT."**

Frater Rudolf Knopp
Konvent Algasing

Werte bilden die Basis unseres Handelns, Denkens und Seins.
Sie sind letztlich das Fundament, das unsere Gesellschaft trägt.

Werte verbinden und geben Halt.

Unser Zusammenleben bedarf gemeinsamer Wertvorstellungen. Sie werden geprägt durch unsere Geschichte und Kultur, durch weltanschauliche und religiöse Anschauungen.

Für die Barmherzigen Brüder ist das christliche Menschenbild die Grundlage ihres Wertesystems. Davon ausgehend hat der Orden für die gesamte Dienstgemeinschaft zentrale Werte festgelegt, die von allen Mitarbeitenden – gleich welcher Religion und Weltanschauung – mitgetragen werden können. Die Werte Hospitalität, Qualität, Respekt, Verantwortung und Spiritualität bilden die Säulen der Arbeit in den Einrichtungen.

Werte fordern uns heraus und entwickeln sich weiter.

Werte, denen wir uns verpflichtet fühlen, sind verbindlich. Trotzdem sind sie nicht statisch oder starr. Sie bedürfen des Kontextes und sind entsprechend unserer Umwelt auch immer ein Stück weit im Wandel begriffen.

Herausforderungen und Krisen gehören zum Leben dazu. Die Barmherzigen Brüder und ihre Mitarbeitenden ducken sich hier nicht weg. Im Gegenteil: Sie sehen die Menschen in ihrer Not und setzen sich gemäß ihrer Wertvorstellungen für diese Menschen ein. Ohne Wenn und Aber. Doch technischer Fortschritt, sich verändernde politische und gesellschaftliche Rahmenbedingungen machen auch vor den Einrichtungen der Barmherzigen Brüder nicht Halt. Sie stellen die Handelnden immer wieder vor neue Herausforderungen – beispielsweise im Spannungsfeld zwischen der Wirtschaftlichkeit und den Werten oder auch im Umgang mit ethischen Grenzsituationen. Eine positive Fortschreibung der Leitbilder ist unabdingbar, damit auch künftig gute Antworten auf aktuelle Fragen gefunden werden können.

Werte bedürfen der Kommunikation und leben durch unsere Taten.

Werte bedürfen unserer steten Auseinandersetzung. Vor allem aber leben sie durch unsere Taten und durch unser Vorbild.

Die Barmherzigen Brüder sind in ganz unterschiedlichen sozialen Bereichen und weltweit tätig. Der Austausch über gemeinsame Werte – über dieses einigende Band der Dienstgemeinschaft – ist essentiell.

Gleichzeitig füllen Ordensbrüder und Mitarbeitende ihre Wertvorstellungen ganz konkret und tagtäglich mit Leben: durch jede helfende Hand, durch jedes erklärende Wort, durch jedes aufmunternde Lächeln. Denn es gilt:

Jeder Mensch ist wert-voll!

HOSPITALITÄT

DAS MARKENZEICHEN DER BARMHERZIGEN BRÜDER

Gelebte Gastfreundschaft: So lässt sich Hospitalität am besten übersetzen. Gemeint ist damit eine Gastfreundschaft, die Maß an der bedingungslosen Nächstenliebe nimmt. Die offen ist für die Bedürfnisse und Sorgen der Mitmenschen. Die sich an alle richtet. Insbesondere an Kranke, Menschen mit Behinderung und Notleidende. An Menschen, die am Rande oder außerhalb unserer Gesellschaft stehen.

Diese Hospitalität findet ihre Verwirklichung in den Einrichtungen der Barmherzigen Brüder. Hier wird sie lebendig. In einer Kultur, die Professionalität und Barmherzigkeit verbindet. Mit anderen Worten: Gelebte Gastfreundschaft ist professionelle Arbeit mit Herz. Sie stiftet Gemeinschaft, ist solidarisch, kreativ, ganzheitlich und aufgeschlossen.

„Unsere Aufgabe ist es,
Hospitalität im Alltag sichtbar
und spürbar zu machen – und zwar
gegenüber dem unmittelbaren Nächsten (...).

Mit den entfernteren Nächsten tut man sich ja manchmal
leichter als mit dem Menschen neben mir. Ihm soll ich
mich zuwenden, ihm soll ich helfen. Das fängt ganz
klein an, mit einem Lächeln, mit einem
freundlichen Wort.

Auch wenn einem das Gegenüber auf den Geist geht, ist er doch der Mensch, dem jetzt meine Hospitalität gilt."

Frater Benedikt Hau
Konvent München

Verantwortung heißt zu seinem Arbeitsauftrag zu stehen. Sich den übertragenen Aufgaben jeden Tag zu stellen. Und sie mit konstant hohem Anspruch an Qualität zu erfüllen.

Die Menschen in den Einrichtungen der Barmherzigen Brüder sind auf Hilfe oder Assistenz angewiesen. Sie vertrauen darauf, dass die Mitarbeitenden nach bestem Wissen und Gewissen ihre Arbeit verrichten. Dass sie konzentriert und engagiert ihren Dienst tun.

Dazu gehört auch, dass die Mitglieder der Dienstgemeinschaft neue Entwicklungen in ihren Arbeitsbereichen verfolgen, um ihre Betreuungs- und Behandlungsangebote für benachteiligte, schwache oder kranke Menschen noch passgenauer zu gestalten. Dass sie sich für deren Rechte stark machen – auch auf gesellschaftlicher und politischer Ebene. Verantwortung meint aber auch, die eigenen Grenzen zu kennen.

Verant wortung

Keine falsche Scheu zu haben, Hilfe zu holen. Achtsam und gewissenhaft mit Ressourcen umzugehen. Das große Ganze im Blick zu behalten. Zusammenfassend gesagt: Es bedeutet nachhaltig zu arbeiten.

Die Bereitschaft von Menschen, Verantwortung zu tragen, wird gewürdigt. Dies schließt auch die Tätigkeit von Ehrenamtlichen mit ein.

„Wenn sich fremde Leute einem
anvertrauen, weil man eben der
Arzt ist und weil man zuständig ist.

**Da halte ich ab und zu inne,
weil ich merke, um wie viel
es da gerade geht.“**

Katja Zimny
Assistenzärztin, Krankenhaus Barmherzige Brüder Regensburg

„Qualität ist nicht nur ein Wort.

Sie begegnet uns täglich und spiegelt sich in der Haltung
und dem Handeln der Kolleginnen und Kollegen wider.
Die Weiterentwicklung der Qualität wird stetig durch Transparenz und ein
offenes Ohr für Anliegen jeglicher Art gefördert."

Marion Schwarzfischer
Qualitätsbeauftragte, Barmherzige Brüder
Behindertenhilfe Reichenbach

Qualität ist die Grundvoraussetzung für gutes Arbeiten. Qualität bedeutet, dass im täglichen Dienst für die Menschen höchste Ansprüche gesetzt werden. Dass Verantwortung übernommen wird.

Qualität

Die Mitarbeitenden erwecken diese Handlungsmaxime mit ihren fachlichen und persönlichen Kompetenzen zum Leben. Durch sie erhält Qualität ein Gesicht.

Der Anspruch an Qualität richtet sich aber nicht nur auf die anvertrauten Menschen. Der Wert schließt die Mitglieder der Dienstgemeinschaft mit ein. Arbeitssicherheit und Familienfreundlichkeit, adäquate Weiterbildungsmöglichkeiten und eine angemessene Vergütung tragen ihrem Einsatz Rechnung.

Transparente Strukturen und Abläufe bringen Qualität zum Ausdruck. Sie bilden die Grundlage für zeitgemäßes und vorausschauendes Management. Mit Hilfe externer Zertifizierungen prüfen die Verantwortlichen regelmäßig den Stand ihrer Bemühungen. Qualität ist ein Prozess fortlaufender Weiterentwicklung.

RESPEKT

Respekt und Menschenwürde gehören zusammen. Jede Person – unabhängig von Herkunft, Religion, Alter und Geschlecht – wird in ihrer Einzigartigkeit geachtet.

Gerade in den Bereichen, in denen die Barmherzigen Brüder tätig sind – im Krankenhaus, in Einrichtungen für Menschen mit Behinderung, in Senioren- und Pflegeheimen, im Hospiz oder in der Obdachlosenhilfe – sind Mitarbeitende laufend mit krankheits- und behinderungsbedingten oder situativen Verhaltensweisen konfrontiert. Respekt heißt hier insbesondere auch: Verständnis dafür haben. Darauf eingehen. Geeignete Handlungsstrategien entwickeln. Angehörige einbeziehen. Damit sich die anvertrauten Menschen trotz ihrer Einschränkungen wertgeschätzt fühlen

Respektvoll handeln kann auf Dauer nur, wer respektvoll behandelt wird. Deshalb ist Respekt wichtiger Bestandteil kollegialer Zusammenarbeit: Vertrauen, Ehrlichkeit und gegenseitige Akzeptanz sollen die Grundpfeiler unseres Miteinanders sein. Unterschiedliche Auffassungen müssen und dürfen offen angesprochen werden. Jeder Berufsgruppe wird die gleiche Wertschätzung entgegengebracht.

Nicht zuletzt bedeutet Respekt in der täglichen Arbeit auch die Achtung vor der Grenze der Belastbarkeit von Schutzbefohlenen und Mitarbeitenden.

„Für mich bedeutet Respekt, dass wir alle Geschöpfe Gottes sind. Er hat uns genauso gemacht, wie wir sein sollen. Wir alle sind ein Geschenk und so sollten wir uns begegnen. Niemand ist mehr oder weniger wert als ein anderer.

Respekt heißt für mich auch, dass ich meine Augen öffne für das Gute in jedem Menschen, der meinen Weg kreuzt.

In der täglichen Arbeit hier erfahre ich Respekt zum Beispiel dadurch, dass das Gute nicht nur gesehen, sondern auch gesagt wird."

Simone Ganzmann
Küchenleiterin, Barmherzige Brüder
Behindertenhilfe Gremsdorf

Spiritualität ist die lebendige Beziehung eines Menschen zu dem, was sein Leben trägt und erfreut. Sie lebt und entfaltet sich im Einzelnen und in der Gemeinschaft.

Die Barmherzigen Brüder unterstützen ihre Mitmenschen in der Ausübung ihrer Spiritualität. Unterschiedliche religiöse und weltliche Anschauungen achten sie dabei gleichermaßen.

An verschiedenen Orten und mittels vielgestaltiger Formate laden sie dazu ein, Kraftquellen für das eigene Leben zu suchen. Die Impulse richten sich an Mitarbeitende, an die anvertrauten Menschen und ihre Angehörigen, an ehrenamtlich Tätige und alle Interessierten, die die Einrichtungen besuchen.

Eine aktive Auseinandersetzung mit der eigenen Spiritualität hilft, achtsam mit sich und anderen umzugehen. Jeden Tag. Privat und im Arbeitsalltag. Spiritualität bietet auch die Chance, Konflikte und belastende Situationen besser zu bewältigen.

SpiRitualität

„Wir kümmern uns um
alle Menschen, ganz egal,

*welchen Glauben oder
welche Weltanschauung*
der Mensch hat."

Frater Thomas Väth
Barmherziger Bruder, Klinikseelsorger

Das Herz befehle!

Den Leitspruch des Ordensgründers Johannes von Gott leben die Barmherzigen Brüder seit nunmehr 400 Jahren. Als ihre vorrangige Aufgabe verstehen sie dabei die Pflege von kranken, alten, hilfsbedürftigen Menschen sowie von Menschen mit Behinderung. Jeder Bruder absolviert in der Regel zunächst eine Ausbildung als Krankenpfleger oder Heilerziehungspfleger. Weiterbildungen oder auch ein Studium können folgen, zum Beispiel, um seelsorgerische Dienste übernehmen zu können. Neben der beruflichen Aufgabe kommt als „zweites Standbein" das geistliche Leben mit Gebet und Gottesdienst hinzu. Denn Gottes- und Nächstenliebe gehören für die Barmherzigen Brüder untrennbar zusammen.

Den Brüdern ist es wichtig, dass der Geist ihres Ordensgründers Johannes von Gott in den Einrichtungen weiterlebt. Es geht ihnen nicht darum Leitung auszuüben, sondern dass Leitbilder gelebt werden. Aufgrund der geringen Brüderzahl hat der Orden mittlerweile viele Leitungsfunktionen mit Mitarbeitenden besetzt. Doch das ist nicht ganz neu.

Schon unser Stifter hat damals in Granada Helfer und Gleichgesinnte um sich geschart. Was ganz klein begonnen hat, bestimmt die gesamte Geschichte des Ordens. Immer gab es weltliche Mitarbeitende und Ehrenamtliche, aber auch Förderer im Blick auf die Finanzierung. Nur so konnte für den Unterhalt der Einrichtungen gesorgt werden.

Frater Benedikt Hau
Konvent München

ORDENSEINRICHTUNGEN
IN BAYERN

6 KRANKENHÄUSER

München | 3 x Regensburg |
Schwandorf | Straubing

2 ALTEN- UND PFLEGEHEIME

Neuburg | Königstein

6 MEDIZINISCHE VERSORGUNGS-ZENTREN

München | 2 x Regensburg
und Umgebung | Schwandorf |
Straubing | Cham

1 BILDUNGSHAUS

Kostenz

1 HOSPIZ

München

4 BEZIRKE MIT BEHINDERTENEINRICHTUNGEN

Oberpfalz | Oberbayern | Niederbayern | Mittelfranken

1 KNEIPP-KURHAUS „SEBASTIANEUM"

Bad Wörishofen

ORDENSEINRICHTUNGEN
WELTWEIT

EUROPA

Deutschland | England | Frankreich | Irland | Italien | Österreich | Polen | Portugal | Slowakei | Spanien | Tschechische Republik | Ukraine | Ungarn

ASIEN

China | Indien | Israel | Japan | Philippinen | Südkorea | Vietnam

AMERIKA

Argentinien | Bolivien | Brasilien | Chile | Ecuador | Honduras | Kanada | Kolumbien | Kuba | Mexiko | Peru | USA | Venezuela

AFRIKA

Benin | Ghana | Kamerun | Kenia | Liberia | Malawi | Mauritius | Mosambik | Sambia | Senegal | Sierra Leone | Togo

OZEANIEN

Australien | Neuseeland | Papua-Neuguinea

Die Bayern im weltweiten Kontext

Frater Joaquim Erra, Generalrat in Rom:

Wenn ich es etwas salopp sagen darf, die bayerische Provinz ist für den Orden so etwas wie Deutschland für die EU. Sie hat großes wirtschaftliches Potenzial, wissenschaftliches Know-how und immer auch einen Blick über den Tellerrand hinaus auf das Ganze. Dazu kommt noch die Großzügigkeit der bayerischen Mitbrüder. Immer wenn wir sie um etwas bitten, kommen sie uns entgegen.

Frater Jesús Etayo, Ordensgeneral in Rom:

Die bayerische Provinz ist eine der ältesten des Ordens und spielt allein schon historisch eine wichtige Rolle. Dazu kommt, dass sie einige der weltweit größten Einrichtungen des Ordens verantwortet. Was die bayerische Provinz auszeichnet, ist sicher auch eine große Kreativität. Aus Bayern kommen viele Impulse für den ganzen Orden, etwa zum Management oder zu neuen Betreuungsmodellen. Auch wenn man natürlich nicht alles einfach kopieren kann, ist die bayerische Provinz doch in vielen Fragen ein echter Bezugspunkt. Auch für die Generalkurie sind die Bayern eine große Hilfe, nicht nur in wirtschaftlicher, sondern auch in personeller Hinsicht, wofür wir dankbar sind.

DIE BARMHERZIGEN BRÜDER IN ZAHLEN

26

EINRICHTUNGEN **IN BAYERN**

Krankenhäuser | Behinderteneinrichtungen | Alten- und Pflegeheime | Ambulante Gesundheitsversorgung | Ambulante Behinderteneinrichtungen | Bildungseinrichtungen

EINRICHTUNGEN IM **GESUNDHEITS- UND SOZIALWESEN** 426

Krankenhäuser | Behinderteneinrichtungen | Alten- und Pflegeheime | Ambulante Gesundheitsversorgung | Rehas | Ambulante Behinderteneinrichtungen | Bildungseinrichtungen

73% IN EUROPA UND NORDAMERIKA

11% IN SÜD- UND MITTELAMERIKA

9% IN ASIEN

6% IN AFRIKA

BAYERNWEIT WERDEN TÄGLICH

3.500

MENSCHEN **VERSORGT**

WELTWEIT WERDEN TÄGLICH

MENSCHEN **VERSORGT**

1.001 ORDENSMÄNNER *weltweit*

21 ORDENSMÄNNER *in Bayern*

MEHR ALS

10.000

MITARBEITENDE
IN BAYERN

RUND

64.800

MITARBEITENDE
WELTWEIT

Wie sieht der Alltag als
Barmherziger Bruder aus?
Wie lebt es sich in der Gemeinschaft?
Was kann man dort finden?

ORDENS
LEBEN

Frater Richard: Einen lebenswerten Weg in einer Gemeinschaft!
Frater Seraphim: Glück!

Frater Seraphim:
Bei uns entwickelt das jede Gemeinschaft immer wieder neu für sich. In Regensburg beginnen wir mit dem gemeinsamen Morgengebet um 6.30 Uhr. Nach dem Frühstück geht jeder zu seinem Dienst, und wir treffen uns abends um 18 Uhr wieder zum Gottesdienst. Danach gibt es Abendessen, und manchmal gestalten wir den Feierabend auch gemeinsam. Mein Arbeitstag ist bestimmt durch viele Sitzungen im Krankenhaus, aber ich achte darauf, dass ich auch immer wieder als Physiotherapeut auf Station gehen kann.

Wir sind gemeinsam unterwegs und haben gemeinsam eine Berufung. Eine Gemeinschaft hilft auch ganz praktisch: Wenn die anderen zum Gebet kommen, dann kann ich nicht wegbleiben. Aber unsere Gemeinschaft ist ja doch größer, sogar weltweit. Ich bin immer froh, wenn ich irgendwo auf der Welt in eine Brüdergemeinschaft komme, dann fühle ich mich daheim, als Teil einer Familie.

Frater Richard:
Bei mir ist es ruhiger, ich bin ja auch schon älter. Aber ich stehe früher auf, weil ich bei uns in Neuburg auch die Mesnerei versorge. Nach Laudes und Frühstück mache ich mich auf den Weg zu den Hausärzten unserer Bewohner, bringe Proben, hole Rezepte, gehe in die Apotheke usw. Was die Berufungspastoral angeht, bin ich auch viel im Internet unterwegs, um zu sehen, wie es die anderen machen. Und dann geht es darum, Kontakte zu Interessenten zu halten. Nach der Vesper, der Messe und dem Abendessen bin ich dann auch froh, wenn ich mich zurückziehen kann.

Gemeinschaft kann angenehm sein, aber auch weniger angenehm. Einmal ist es lustig, ein anderes Mal eher eingefahren. Manches muss man einfach annehmen, das ist jetzt einfach meine Realität, ganz ähnlich wie in einer Familie auch. Trotzdem bin ich gern Barmherziger Bruder. Wir gehören ja zu einer größeren Gemeinschaft, da muss ich gar nicht in die Welt schweifen. Wir leben in einer Provinz und es gibt Gott sei Dank auch Telefone.

PATER *oder* FRATER?

Das ORDENS*abc*

Frater oder Pater? Ein Granatapfel im Logo? Und ein Leben im Konvent? Das alles hat nichts mit Superfood und Lifestyle-Formaten zu tun. Mit dem Ordens-ABC haben Sie die Möglichkeit die Begrifflichkeiten und deren Bedeutung bei den Barmherzigen Brüdern kennen zu lernen.

Entdecken Sie mehr!
www.barmherzige.de/400jahre-ausstellung

Lange bevor der Granatapfel zum Superfood wurde, war die Frucht samt Kreuz bereits das Logo der Barmherzigen Brüder. Und das nicht ohne Grund. Der heilige Johannes von Gott gründete den Orden der Barmherzigen Brüder in der spanischen Stadt Granada. Die andalusische Stadt wurde nach dem Granatapfel benannt und führt die Frucht auch seither im Wappen.

Zudem ist der Granatapfel ein uraltes Symbol der Liebe. Der mit einem Kreuz gekrönte Granatapfel im Logo symbolisiert so den Auftrag der Barmherzigen Brüder: Kranken, Hilfsbedürftigen und hilfesuchenden Menschen in christlicher Nächstenliebe nah zu sein sowie Hilfe und Hoffnung zu bringen.

Haben Sie die Frucht im Logo der Barmherzigen Brüder gleich erkannt? Und haben Sie eine Idee, welche Bedeutung der Granatapfel hat?

gra·nat·ap·fel

Kloster und Ordensleben sind im allgemeinen Sprachgebrauch wohl untrennbare Begriffe und werden oft auch synonym verwendet. In der Regel sind sie mit Adjektiven belegt wie: abgeschlossen, nicht zugänglich, von Mauern umgeben, idyllisch, Bier brauend.

kon·vent

Diese Attribute passen nicht ganz zur Geschichte der Barmherzigen Brüder und ihrem Selbstverständnis. Die Häuser, die der Orden errichtet, dienen nie nur den Ordensmitgliedern. Sie waren und sind für Menschen bestimmt, die Hilfe und Unterstützung bedürfen. Getreu dem Motto „Form follows function" sind die baulichen Konzepte gestaltet. Lediglich ein Teil der Gebäude dient den Brüdern als Wohnraum und wird als Konvent (lateinischer Ursprung von convenire: zusammenkommen) bezeichnet.

Dies bringt die Bedürfnisse der Ordensleute zum Ausdruck. Das gemeinsame Leben braucht Orte des Zusammenkommens und Orte der Ruhe für das geistliche Leben. In Gesprächen mit Patienten und Besuchern fällt immer wieder die Überraschung auf, dass die Barmherzigen Brüder in ihren Krankenhäusern und Heimen wohnen und nicht in einem eigenen Kloster – mit Kirche und Mauer. Die Sprachverwirrung wird perfekt, weil das Wort Konvent nicht nur für die Räume von Ordensleuten genutzt wird, sondern auch für die Gemeinschaft selbst.

„ DAS HERZ BEFEHLE!

Johannes von Gott